DIE ABENTEUER VON KATE & LEO

SCHALOM

Geschrieben von Kaycie Fegley
& Elyse Leverett

HARMONIE

Jesaja 11,6

RUHE

Ruhe ist Wissen,

dass egal, was passiert –

Gott hat dich!

2. Mose 33,14

PSALM 23

Der HERR ist mein Hirte, nichts wird mir fehlen.
Er weidet mich auf saftigen Wiesen,
Er führt mich zu frischen Quellen.
Er gibt mir neue Kraft.

Er leitet mich auf sicheren Wegen und macht damit Seinem Namen alle Ehre.

Auch wenn es durch dunkle Täler geht,
fürchte ich kein Unglück, denn du, HERR,
bist bei mir.
Dein Hirtenstab gibt mir Schutz und Trost.

Du lädst mich ein und deckst mir den Tisch vor den Augen meiner Feinde.
Du begrüßt mich wie ein Hausherr seinen Gast und füllst meinen Becher bis zum Rand.

Deine Güte und Liebe begleiten mich Tag für Tag;
in Deinem Haus darf ich für immer bleiben.

(Hoffnung für alle)

FRIEDEN

Mögest du in
und mit Frieden
wandeln!

Psalm 4,8

FREUDIGES WUNDER

Jesaja 55,12

VOLLKOMMENHEIT

Du bist vollkommen
durch deine Verbindung
mit Christus, der
der Herr über jeden
Herrscher und jede Autorität ist.

Kolosser 2,10

SCHALOM

ALLE WAREN BEGEISTERT
UND LOBTEN GOTT.
SIE WAREN VOLLER EHRFURCHT UND
RIEFEN: „WIR HABEN HEUTE ETWAS GANZ
AUSSERGEWÖHNLICHES GESEHEN!"
LUKAS 5,26

MALE WIE HARMONIE FÜR DICH AUSSIEHT

MALE WIE RUHE FÜR DICH AUSSIEHT

MALE WIE ÜBERFLUSS FÜR DICH AUSSIEHT

MALE WIE FRIEDEN FÜR DICH AUSSIEHT

MALE WIE FREUDIGES WUNDER FÜR DICH AUSSIEHT

Die Abenteuer von Kate & Leo geschrieben und illustriert von Kaycie Fegley und Elyse Leverett

Übersetzung von: Anne Reising

Herausgegeben von Seraph Creative in 2024

SeraphCreative
Heaven's Heart for Earth

DIE ABENTEUER VON KATE & LEO

SCHALOM

Begleite Kate & Leo auf diesem Abenteuer, um die Bedeutung von Schalom kennenzulernen! Deine Kinder werden lernen, zu atmen & durch den Vorhang hindurchzutreten, um mit verschiedenen Aspekten von Schalom aus dem Herzen Jahwes zu interagieren. Dies ist das erste Abenteuer von Kate & Leo aus einer Reihe, in denen sie verschiedene Facetten entdecken und erleben werden, wer wir in Jahwe sind.

Geschrieben von Kaycie Fegley & Elyse Leverett

Elyse Leverett ist Ehefrau und Mutter wohnhaft in Florida. Sie hat eine große Leidenschaft, Kinder dazu zu erziehen, Jahwe tief kennenzulernen und seine Geheimnisse zu erforschen. Sie verbringt ihre Freizeit gerne draußen, näht, kocht, reist gerne und mag es, im Garten zu arbeiten!

Kaycie ist gebürtige Floridanerin. Sie lebt um das Herz Jahwes zum Ausdruck zu bringen. Sie genleßt es, zu reisen (Roadtrips eingeschlossen), zu tanzen und Zeit mit Freunden und Familie zu verbringen.